AMÉLIE MESUREUR

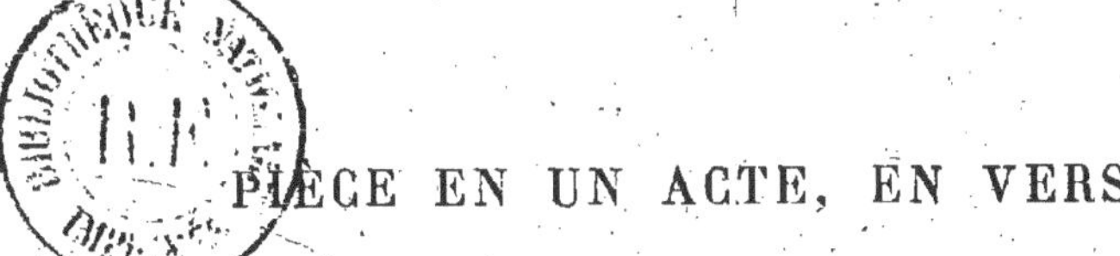

GARDEN-PARTY ÉLYSÉENNE

PIÈCE EN UN ACTE, EN VERS

PARIS. — Ier
P.-V. STOCK, ÉDITEUR
(Ancienne Librairie TRESSE & STOCK)
155, RUE SAINT-HONORÉ, (PRÈS *la Civette*)
Devant le THÉATRE-FRANÇAIS

1907

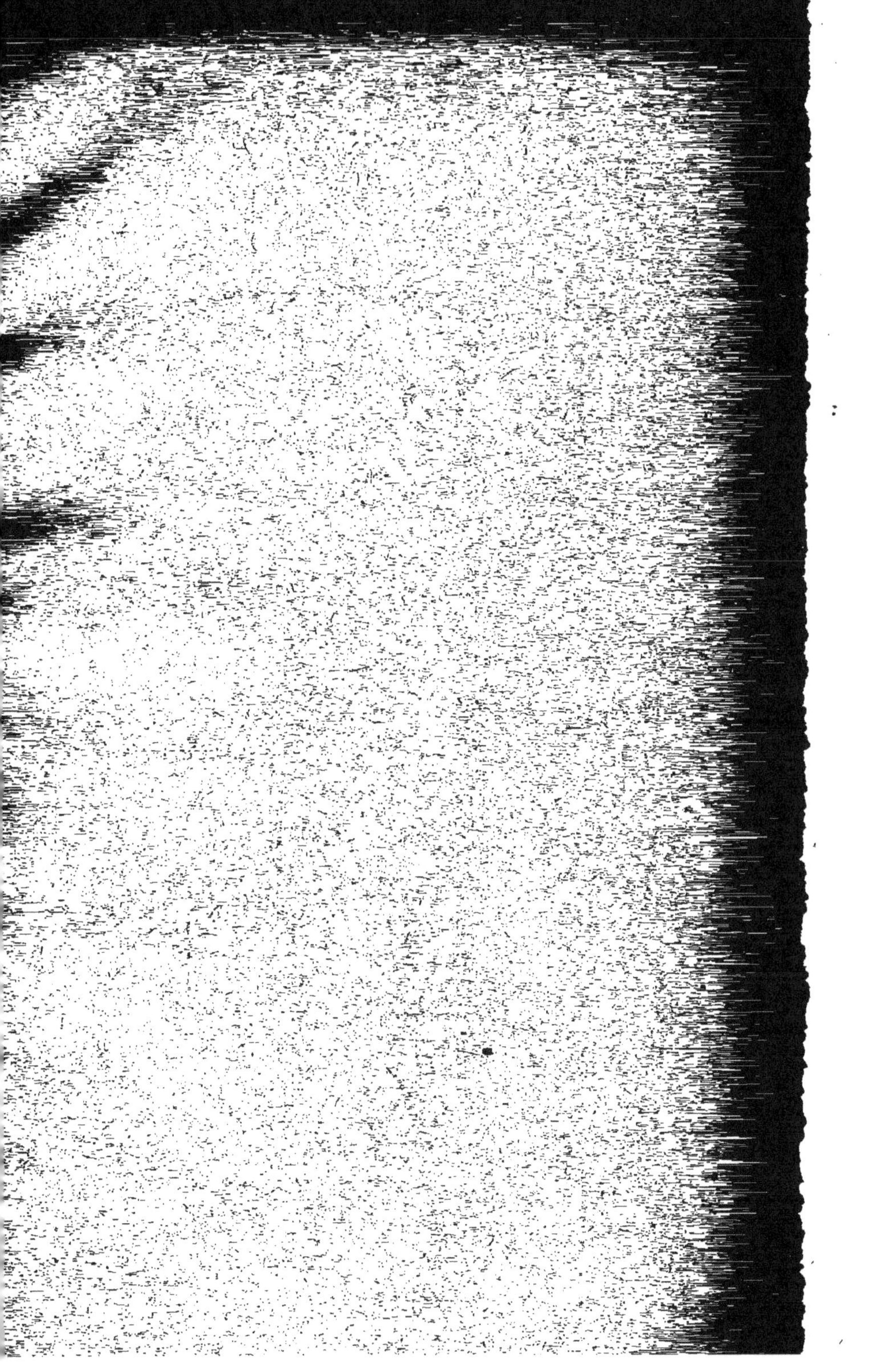

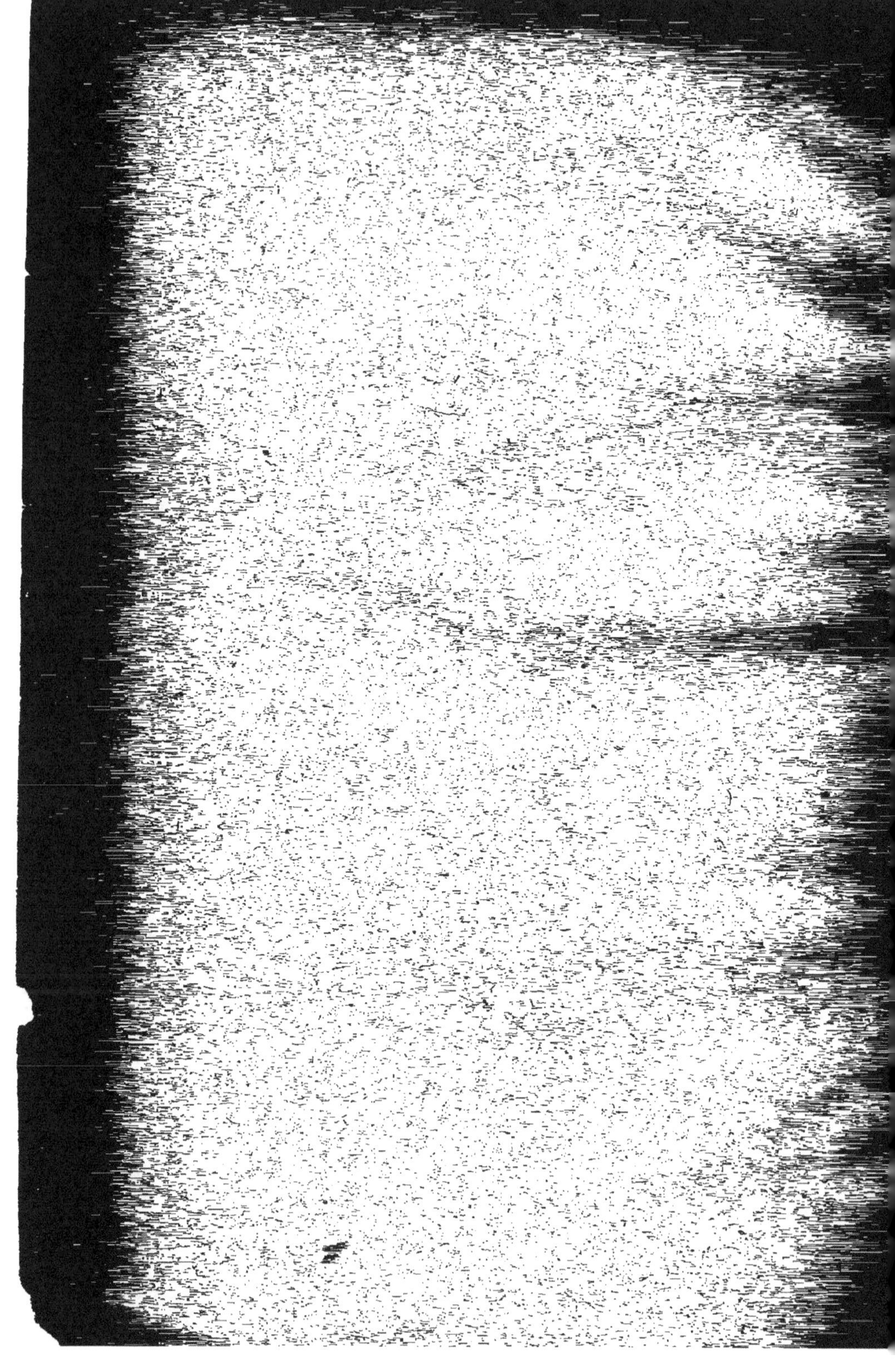

GARDEN-PARTY ÉLYSÉENNE

PIÈCE EN UN ACTE, EN VERS

Représentée pour la première fois, à Paris, à l'*Université Populaire* du Faubourg Saint-Antoine, le 22 mars 1907.

AMÉLIE MESUREUR

GARDEN-PARTY ÉLYSÉENNE

PIÈCE EN UN ACTE, EN VERS

PARIS. — Ier

P.-V. STOCK, ÉDITEUR

(Ancienne Librairie TRESSE & STOCK)

155, RUE SAINT-HONORÉ, (PRÈS *la Civette*)

Devant le Théâtre-Français

1907

PERSONNAGES

PAUL, frère de Colette, rapin. 22 ans .	MM.	STEPHEN.
JEAN RENAUD, sous-lieutenant d'infanterie. 24 ans.		RODIER.
UN JEUNE HOMME, tenue de Garden-Party, boutonnière fleurie, canne.		BROUSSE.
COLETTE, élève de la Légion d'Honneur à Saint-Denis. 18 ans, orpheline.	Mlles	LIFRAUD.
LUCIENNE, nouvelle élève à la Légion d'Honneur à Saint-Denis. 17 ans, orpheline.		FILLACIER
UNE JEUNE FILLE, toilette claire, très élégante, ombrelle, gants		FARNÈS.

INVITÉS DU GARDEN-PARTY.

GARDEN-PARTY ÉLYSÉENNE

Un coin du parc de l'Elysée. Massifs de verdure, pelouses, corbeilles fleuries. Sièges de jardin disposés dans le fond, sous les ombrages. — A gauche, un banc, sous un marronnier, au premier plan.

On entend dans le lointain la musique militaire qui alterne avec l'orchestre du grand bal installé à l'intérieur des salons.

SCÈNE PREMIÈRE

COLETTE et LUCIENNE.

Elles portent l'uniforme de la maison de la Légion d'Honneur. — Robes noires, tabliers noirs à bavettes, cols de lingerie plats, corsages unis, ceinturés et traversés de cordons de couleurs. — Elles arrivent lentement en se confiant leurs impressions. Dans le fond on aperçoit une jeune fille et un jeune homme. Tous deux s'avancent sur la scène lentement en chuchotant.

COLETTE, radieuse.

J'admire ce Garden-Party de l'Elysée
Et je ne me sens pas du tout dépaysée. —
Un duo d'amoureux, ne les dérangeons pas.

Colette et Lucienne leur cèdent la place.

LE JEUNE HOMME, à la jeune fille.

Permettez-moi de vous escorter quelques pas.
Voici le Gouverneur dans notre voisinage,
Si vous me présentiez, c'est un gros personnage.

LA JEUNE FILLE.

Pourquoi faire ?

LE JEUNE HOMME.

Qui sait, présentez-moi toujours.

LA JEUNE FILLE.

Non, vous lui serviriez votre dernier discours.

LE JEUNE HOMME.

Et Perrin ?

LA JEUNE FILLE.

Croyez-vous qu'il va vous reconnaître
Parce que vous l'aurez bombardé d'un « cher maître ».

Haussant les épaules.

LE JEUNE HOMME, grognon.

M'aurez-vous une place à ce gala d'Auteuil ?

LA JEUNE FILLE, indiquant une place au loin.

Oui, si vous m'avancez à l'ombre ce fauteuil.

LE JEUNE HOMME.

Il vaut mieux s'éloigner.

LA JEUNE FILLE.

Qu'avez-vous à me dire ?

LE JEUNE HOMME, remettant son monocle.

Rien que de sérieux, mon monocle m'inspire.

Air de valse dans la coulisse. — Ils disparaissent.

COLETTE, qui revient avec Lucienne.

Ouf !... Quel parc enchanteur !

LUCIENNE, boudeuse.

Malgré tout on ressent
Quelque amertume à voir ce luxe étourdissant.

COLETTE.

Tout ce monde me plaît qui s'aborde, s'agite,
S'assied, parle, sourit...

LUCIENNE, l'interrompant.

Cette fête m'irrite !

COLETTE.

Non...!

LUCIENNE.

Que faisons-nous là, dans ce cadre élégant,
Tout en noir, sans chapeau, sans ombrelle, sans gant.

COLETTE, avec fierté.

On est de la maison de Saint-Denis, ma chère.

LUCIENNE, en s'asseyant.

Moi, dans ce beau palais, je me sens étrangère,
Notre médiocrité n'a que faire en ces lieux.
J'aimais notre uniforme, il me semble odieux.
Je ne saurais danser dans ma robe montante
J'étoufferais, et toi ?

COLETTE.

J'étais déjà contente
De danser, mais... goûtons si nous ne dansons pas.
Mon appétit s'aiguise à faire les cents pas.
As-tu quelque chagrin?

Elle s'assied auprès de Lucienne.

LUCIENNE.

Tu ne peux me comprendre.

COLETTE.

Songe à Paul, à Renaud qui viendront nous surprendre.

LUCIENNE.

Je suis jalouse... là !

COLETTE.

C'est mal.

LUCIENNE.

Assurément

Mais... s'ils ne venaient pas...

COLETTE, l'interrompant.

Toi, jalouse, vraiment !

LUCIENNE, affirmative.

J'aurais moins de soucis. Près de ces jeunes filles,
Sous leurs chapeaux fleuris, pimpantes et gentilles,
Nous, nous sommes, veux-tu que je dise le mot,
... Ridicules, crois-moi !

COLETTE, se levant.

Ne parle pas si haut.
Là, le grand Chancelier, il passe, et nous salue.
Gaiement.
Ah... tu vois, tu rougis. Ta lettre l'as-tu lue ?

Elles s'asseyent.

LUCIENNE.

Ma lettre ? J'oubliais, elle est sans intérêt !

COLETTE.

Suis-je indiscrète ?

LUCIENNE.

Oh ! non, je n'ai point de secret.

COLETTE.

D'où vient-elle ? de qui ? Tu connais l'écriture ?

LUCIENNE.

J'ignore tout à fait.

COLETTE.

Bon, c'est une aventure.
Ce serait amusant. Déchiffrons le billet.
Je devine que c'est...

Lisant.

Paris, quatre juillet

LUCIENNE.

Un affreux prospectus.

COLETTE.

Tu n'es pas psychologue.

LUCIENNE.

Qui ne reçoit par jour, au moins un catalogue !

COLETTE.

Ouvre-la. Si c'était un avis très urgent.
Un baptême, un décès, une affaire d'argent ?

LUCIENNE.

Les lettres d'aujourd'hui n'ont aucune importance.
Ce n'est plus un plaisir, c'est une pénitence
De les lire. On écrit pour rien, à tout propos.
Je ne lis mon courrier, qu'à mon heure, en repos.
Donc, laissons cette lettre et parlons d'autre chose.

COLETTE.

Je ne te comprends pas, tu peux être la cause
D'ennuis graves.

LUCIENNE, *remettant la lettre dans son corsage.*

Tant pis !

COLETTE.

Ne tournons pas le dos
A la foule et restons près de la pièce d'eau.

LUCIENNE.

Sauront-ils nous trouver ?

COLETTE.

Viens jusqu'à ces corbeilles

LUCIENNE.

Si loin de la pelouse?

COLETTE.

Oh! ces fleurs, des merveilles.

Rassurant Lucienne.

Bast!... l'amour avisé les guidera vers nous.
Vois... deux Orientaux, drapés dans leurs burnous.

Etonnée.

Ils sont muets!...

LUCIENNE, *gravement.*

Ils sont joyeux à leur manière.

COLETTE.

De fréquenter ici voyons, n'es-tu pas fière?

LUCIENNE.

Je suis triste à mourir.

COLETTE.

Le joli résultat!
Moi, je me réjouis que le chef de l'État
Nous invite chez lui. C'est une faveur rare,
Dont ta timidité mal à propos s'effare.
J'admire ses salons enrichis de splendeurs,
J'y rencontre des rois et des ambassadeurs,
Ministres, députés, officiers de hauts grades,
Académiciens...

On entend au loin un air national étranger.

LUCIENNE.

Là... tu te persuades
Que ce monde n'est pas vain, artificiel...

COLETTE.

Tout Paris s'y retrouve...

LUCIENNE, avec mépris.

Oh!

COLETTE, enthousiasmée,

C'est l'essentiel.
La maison militaire est en grande tenue.
Et la réception superbe continue.

On annonce dans la coulisse des noms de personnages politiques littéraires, etc. Elle écoute.

On annonce toujours!

Joyeuse.

Que notre défilé
Devant la Présidente était donc bien réglé!

LUCIENNE, froidement.

Sans doute.

COLETTE.

Sur trois rangs, nous avançions ensemble,
Nos compagnes venaient à la suite. Il me semble
Que tous les invités nous suivaient du regard,
Pour nous voir saluer, ma chère, avec quel art!

LUCIENNE.

On sentait qu'au début nous manquions d'assurance

COLETTE.

Lorsqu'en baissant les yeux, j'ai fait la révérence
Je te vis t'incliner et ton sage maintien
Me ravit. Je pensais : Comme Lucienne est bien!
Aux tons de l'Etiquette, aux lois du Protocole,
Elle se convertit! En deux mots, je raffole
De ma douce Lucienne et j'accours... patatras!
Voilà que tu me dis : « Ça ne m'amuse pas! »

LUCIENNE, d'un air distrait.

Et nos deux cavaliers?

COLETTE.

Un instant... Je les guette,
Surveillons le perron...

Ecoutant un hautbois.

Tiens, un air de musette.
Rien ne ressemble moins à de l'oisiveté
Qu'une fête mondaine en pleine activité,
Une ruche au travail qui bourdonne et qui roule,
De gauche à droite, allant et tanguant, c'est la foule.
Les invités, entre eux, échangent un tribut
De politesses, puis, chacun poursuit son but...

LUCIENNE, *apercevant le jeune homme et la jeune fille qui reviennent sur la scène. Ils s'avancent tous deux au premier plan.*

Chut... ce sont encore eux...

LE JEUNE HOMME, *en solliciteur.*

La place est bonne à prendre.
Un ministre a toujours un poste pour son gendre.
C'est demain, le concours, je voudrais votre appui
Trop de timidité bien des fois, m'ayant nui...
Je n'ai d'espoir qu'en vous !

LA JEUNE FILLE.

Bien, redoublez de zèle
Suivez ce bon conseil...

LE JEUNE HOMME, *empressé.*

Chère mademoiselle!

LA JEUNE FILLE.

Je ne fais pas le bien autant que je voudrais
Mais pour vous, tout me dit que je réussirais.

Le couple disparaît.

SCÈNE II

COLETTE, revenant en scène.

COLETTE.

Pour le tant protéger faut-il qu'elle l'adore!

LUCIENNE, mélancolique.

C'est peut-être un roman d'amour qui vient d'éclore!

Après un moment de silence.

Pourquoi vais-je penser aux amis disparus
Qui sont partis joyeux, qu'on ne reverra plus!

COLETTE, frissonnante.

A rêvasser ainsi, je deviendrais morose
Mais le petit Servin est ici, je suppose...
Le fils du Député?...

LUCIENNE.

Non, le destin fatal
A voulu qu'il allât périr au Sénégal...

COLETTE, tristement.

Si jeune... à vingt-cinq ans... Et Frank?...

LUCIENNE.

Est en province.
Sous-Préfet...

COLETTE.

Sous-Préfet, le traitement est mince
Et Bernard?

LUCIENNE.

Envolé, parti pour le Congo
Il avait des chagrins d'amour.

COLETTE.

Ah! le nigaud.
Que d'absents, c'est affreux, c'est pire que la guerre.

LUCIENNE.

Pour même résultat, c'est une autre manière.

COLETTE.

Quels tristes souvenirs!

LUCIENNE.

Et si l'on pense à ceux
Que l'Océan nous prend, à tous les malchanceux,
Qui quittent leur pays, désertent leurs familles,

COLETTE.

A tous les vieux garçons qui font les vieilles filles,
C'est la conclusion, oui, c'est bête à crier
Faute de jeunes gens ne pas se marier!

LUCIENNE.

Prenons le voile, alors!

COLETTE.

La chose est impossible.

LUCIENNE.

Mais...

COLETTE.

Ta vocation serait-elle invincible
Qu'on t'en empêcherait.

LUCIENNE

Qui?

COLETTE.

Le Gouvernement,
Il ferme ces jours-ci, cloître, abbaye, couvent...

LUCIENNE, interdite.

...

COLETTE.

Et les nonnes par ordre, ont quitté leurs cornettes.
Ainsi mère Saint-Jean, sœur Marthe...

LUCIENNE, *l'interrompant.*

Des sornettes!

COLETTE.

Vont sur les boulevards en costume tailleur,
Ombrelle et chapeau rond.

LUCIENNE, *sévèrement.*

Quitte cet air railleur.

COLETTE.

Ombrelle et chapeau rond, en vêtement laïque,
Elles sont aussi bien que nous, c'est très comique.

LUCIENNE, *scandalisée.*

En costume tailleur !! Sœur Sainte-Marthe aussi!

COLETTE.

Il faut bien s'habiller et vivre Dieu merci!
Tu vois, ne donne pas dans le genre mystique.
Le vent ne souffle plus du côté romantique.
Pense à mon frère Paul, tu l'aimes bien?

LUCIENNE.

Oh! non!
Je n'ai point de fortune assez ronde, à quoi bon!

COLETTE.

Négligeons ce détail, sans dot, on nous courtise
Pour nous même.

LUCIENNE.

Allons donc, encore une sottise.
A moins que ce ne soit pour occuper le temps.
Car ces messieurs sont tous vaniteux, inconstants.

COLETTE.

Eh! Les femmes sont bien frivoles et coquettes,
L'un vaut l'autre...

Elle se penche.

Oh! regarde!

LUCIENNE, *suivant le mouvement et regardant dans la direction.*

Au loin ces épaulettes...

COLETTE, *joyeuse.*

Le profil de Renaud.

LUCIENNE, *triste.*

Et Paul qui n'est pas là.

COLETTE, *triomphante.*

Et je l'aime depuis tantôt trois ans, voilà.
Toi, tu doutes de Paul, ce Paul qui me ressemble,
C'est tout à fait injuste. Examinons ensemble :
Pourquoi Paul viendrait-il si souvent au parloir
Pour te causer à peine, à peine t'entrevoir.
S'il n'éprouvait pour toi...

LUCIENNE, *indifférente.*

Il vient par habitude.

COLETTE.

Il vient par amour. . Oh! j'en ai la certitude.

LUCIENNE, *tendrement.*

Je voudrais pénétrer son cœur et son cerveau.
Lire dans sa pensée et savoir ce que vaut
L'amitié que depuis trois ans il me témoigne!

COLETTE.

t'entoure de soins.

LUCIENNE, *avec amertume.*

Je le sais, il me soigne.

Comme une jeune sœur.. une cousine... et non
Comme la femme à qui l'on doit donner son nom.

COLETTE.

De ces deux sentiments, dis-moi la différence
A quel moment précis ?...

En sourdine musique sentimentale.

LUCIENNE, *lui coupant la parole.*

Quand l'amitié commence,
L'amour cesse, voilà... je n'en sais pas plus long,
C'est confus et très simple. On aime un brun, un blond,
Il est grand ou petit, on l'aime ! Le mystère
Impénétrable, c'est que le ciel et la terre
Réunis ne sauraient rompre l'enchantement.
L'amour vrai, l'amour pur, c'est le subtil aimant,
Qui dirige nos cœurs.

COLETTE, *joyeuse.*

C'est bien ce que j'éprouve.
Ton amour et le mien ainsi qu'un feu qui couve
Sont nés sournoisement, un dimanche de mai.

LUCIENNE.

C'est cela.

COLETTE.

Ce jour-là, j'ai senti que j'aimais
Le grand ami Renaud.

LUCIENNE.

Moi, l'ami Paul, ton frère.
Ils nous intéressaient chacun à leur manière.

COLETTE.

Nous avions tant de joie à parler d'eux, souvent.
— C'était fête, en venant nous surprendre au couvent,
Ils avaient apporté des fleurs fraîches coupées...

LUCIENNE, attendrie.

La veille, nous jouiions encore à nos poupées !

COLETTE.

Des roses de jardin qu'ils cachaient prudemment,
L'un dans son pardessus...

LUCIENNE.

L'autre dans son dolman.

COLETTE, naïvement.

Qu'ils étaient fous!

Après un silence.

Et nous?...

LUCIENNE.

Nous fûmes si touchées

LUCIENNE et COLETTE, ensemble.

Que nous avons gardé les roses desséchées!

Toutes deux s'embrassent tendrement.

LUCIENNE.

Depuis, pas de distance et de jour et de nuit,
Son image vivante à tout heure me suit.

COLETTE.

C'était là ton secret!...

Après un silence, gaîment.

Veux-tu que je te lise...

LUCIENNE.

Tout bas...

COLETTE.

Cette chanson que je t'avais promise.

LUCIENNE, regardant à droite et à gauche.

Nous sommes seules... lis, j'ai le cœur indulgent.

COLETTE.

C'est que ton air moqueur n'est guère encourageant.

LUCIENNE, *empressée.*

Des vers écrits sur lui ?

COLETTE.

Bien sûr.

LUCIENNE, *avec autorité, se moquant.*

Prends la parole.

COLETTE, *intimidée.*

Attention... Mon cœur...

Elle s'arrête.

LUCIENNE.

Va donc, petite folle.

COLETTE.

Mon cœur est déchiré !
Une peine secrète
Dont j'ai souvent pleuré
Me trouble et m'inquiète.

Seul, un devin dirait
Si mon Jean Renaud m'aime.
Sa voix le trahirait
S'il le savait lui-même.

De mon front radieux
La jeunesse l'attire,
Lorsque parlent mes yeux,
Que ne peut-il y lire !

Son nom en lettres d'or
Flotte dans ma pensée,
J'ai fait ce rêve encor :
« Etre sa fiancée ! »

Il n'est mots caressants
Que sa lèvre ne dise,
Mots toujours languissants,
D'une phrase imprécise.

Timide, il n'a pas su
Bégayer le mot tendre,
Et notre espoir déçu
Rougit sans se comprendre.

Alors, sa main étreint
Ma petite main blanche,
En un rire contraint,
Ma tristesse s'épanche.

Je me tais et j'attends.
Le ciel est mon oracle.
O Nature! ô Printemps!
Fais pour nous un miracle!

LUCIENNE, embrassant Colette.

Mais c'est bien, c'est très bien... et... ces vers de six pieds
Sont bien écrits par toi, sans être copiés.
Je n'aurais jamais cru.

COLETTE, modestement.

C'est chose assez facile.

LUCIENNE.

Ce n'est pas un pastiche ?...

COLETTE, candidement.

Oh! non, c'est une Idylle.

LUCIENNE.

Les miracles, vois-tu, ne sont plus de nos jours.
Trop tard, je n'y crois plus.

COLETTE.

Moi, j'en attends toujours
Il en suffirait d'un pour arranger les choses,
Brune aux papillons noirs...

LUCIENNE.

Blonde aux papillons roses,
Rien ne s'arrange.

COLETTE.

Et si tu gagnais un gros lot.

LUCIENNE, sombre.

On ne gagne jamais, m'a dit un camelot.

COLETTE, inspirée.

Ta lettre! Si c'était un des Bons de la Presse...
On les tirait hier...

LUCIENNE.

L'émotion m'oppresse!

COLETTE, avec passion.

Un numéro gagnant déposé dans ce pli,
A ton nom et l'heureux présage est accompli.
Ta lettre?

Lucienne sort sa lettre de son corsage. Colette rompant le cachet.

Déchirons!

Cris joyeux.

C'est un Bon de la Presse!

LUCIENNE, joyeuse.

Le mien que grand'maman gardait. Elle m'adresse
La liste des gagnants.. Je n'en crois pas mes yeux.

COLETTE.

Vois, toi-même, ce chiffre est bien exact!

LUCIENNE, très émue.

Grands dieux!

COLETTE.

Comparons! Trois zéros suivis de neuf cent trente...
C'est parfait, joli lot! Trois mille francs de rente.

LUCIENNE.

Es-tu sûre?

COLETTE.

A peu près.

LUCIENNE, au comble du bonheur.

Miracle de nos jours,
Vraisemblable et de plus favorable aux amours,
Je ne t'espérais pas. Merci, ma bonne étoile,
Je m'achète un château, je vais mettre à la voile.
Nous partons. Je t'emmène au paradis hindou.
Nous ferons un voyage immense n'importe où...
Je donnerai...

COLETTE.

Quoi donc?

LUCIENNE, réfléchissant et comptant.

Tu veux que j'énumére...

Sans hésitation.

Aux pauvres, cent louis, des cadeaux à grand'mère,
Des dons à tous! car j'ai le cœur reconnaissant!...
Permets.

Elle l'embrasse.

Je sens bien mieux ma joie en t'embrassant.
Tu m'aimes, n'est-ce pas? Ah! que c'est bon de vivre!
Si nous allions toucher mon lot... Qui veut me suivre?

COLETTE.

Les bureaux sont fermés, prends plutôt le parti
D'assister décemment à ce Garden-Party,
Demain, il sera temps, à ton aise, respire...
Et quand Paul sera là, ne va pas tout lui dire...
Sois fine.

LUCIENNE.

J'y saurai mettre de ma façon,
Pour qu'il prenne, à m'entendre, une aimable leçon.
A moins qu'il soit si doux, si généreux, si tendre.

COLETTE.

Et qu'il tombe à tes pieds avant de te comprendre.

LUCIENNE, après une pause.

A quoi penses-tu donc? Ton front se rembrunit,
Tout notre enchantement est-il sitôt fini?

COLETTE, devenue subitement triste.

Je pense que j'ai tort d'aimer... je me raisonne.
Je dis que mon bonheur ne doit nuire à personne.

LUCIENNE.

Comment?

COLETTE.

Puisque de Paul le brillant avenir
A mon sort est lié, je dois m'en souvenir.
Bienheureuse déjà qu'une vieille parente
S'accommode avec nous, d'une modeste rente.
Sa fortune très mince, aux deux nôtres se joint,
Et ce petit pécule arrive fort à point.
Nous vivons tous les trois. Paul travaille, il est libre.
Si nous nous séparons, adieu tout l'équilibre
De ce faible budget. Les termes du loyer
Sont un trop lourd fardeau qu'ils ne sauraient payer
Tous deux, sans mon secours.

LUCIENNE.

Toi seule le protège?

COLETTE.

Et puis, c'est le tailleur, les modèles, que sais-je?
Mille petits détails qu'exige une maison.
Je vis à Saint-Denis. Simple combinaison.

J'y peux rester sans frais, longtemps pensionnaire
Et tant que j'y serai...

LUCIENNE.

Ta vie est exemplaire.

COLETTE.

Je lui laisse l'appoint de mes revenus, soit
Mille et quelques cents francs.

LUCIENNE.

Tout cela se conçoit
Je t'admire...

COLETTE.

Cette année, il se peut qu'il achève
De passer l'examen pour son titre d'élève
Aux Beaux-Arts.

LUCIENNE.

Aux Beaux-Arts, c'est difficile, ainsi
Beaucoup sont retoqués, je comprends ton souci.

Elles réfléchissent toutes deux.

C'était sa volonté?

COLETTE.

Fervente... je te jure.
Il a de beaux succès; oh! surtout, en peinture.

LUCIENNE, *acquiesçant.*

Il réussira.

COLETTE.

Donc, sans le contrarier,
Puis-je lui dire : Paul, je vais me marier.
Un parti se présente et ma foi... je te quitte.
Renonce à tes projets... pas demain, tout de suite.
Que tu sois rond-de-cuir, gendarme ou charlatan,
Moi, je prends un mari... tu dois être content!

LUCIENNE.

Ce serait dur... mais toi... ce touchant sacrifice...

COLETTE.

Tu vois, je n'en ai pas attrapé la jaunisse.
Ma vie est ainsi faite, y puis-je rien changer ?
Quand le destin me donne un être à protéger,
Je songerais à moi... ce serait arbitraire.
Non, non, c'est un devoir, sois certaine, au contraire,
Que j'en fais le vrai but de ma vie et gaîment,
Je le suivrai.

LUCIENNE.

Bien sûr... comme un enterrement.

COLETTE, apercevant le couple qui revient.

Tiens, tiens, tiens, ce bosquet propice les attire.

LUCIENNE.

Il ne la quitte pas.

COLETTE.

Et je la vois sourire.

LUCIENNE.

Il implore, il arrive à ses fins.

COLETTE, en s'éloignant avec Lucienne.

C'est permis.

LE JEUNE HOMME, qui revient sur le devant de la scène en suivant la jeune fille.

Que de remercîments.

Il baise la main de la jeune fille.

LA JEUNE FILLE.

Croyez-moi c'est promis.
Mais... je garde mon nom, Edith de Villefeuille
Tant que papa sera muni d'un portefeuille.

COLETTE, à Lucienne.

Ils ne se marient plus.

LE JEUNE HOMME.

C'est une indignité!

LA JEUNE FILLE.

C'est sage et très prudent.

COLETTE.

Il est fort dépité.

En regardant dans la coulisse.

Mais c'est Paul, il nous cherche, il fait piteuse mine.
Sans nous apercevoir, au soleil, il piétine
Il se retourne... il vient... il a l'air radieux.
Triomphant. Le bonheur est écrit dans ses yeux.

SCÈNE III

LES MÊMES, PAUL, entrant en coup de vent.

PAUL, saluant, joyeux, à Colette.

Embrasse-moi, ma sœur, j'ai fait un héritage,
Je viens de conquérir ma bourse de voyage.

COLETTE.

Dis-tu vrai?

PAUL.

Le succès d'un concours tient surtout
Aux amitiés qu'on a dans un jury, l'atout,
Vois-tu, c'est le monsieur chic qui vous recommande,
Plus il est influent et plus la chance est grande.

COLETTE, inquiète l'interrogeant.

Ton concours était bon?

PAUL, finement.

Mais à mérite égal,
C'est l'atout qui l'emporte et ce n'est pas plus mal.
Félicite-moi donc!

COLETTE.

Ton triomphe me grise.

PAUL, à Lucienne.

Vous ne me dites rien?

LUCIENNE, émue.

Que voulez-vous qu'on dise?
Nous avons tant de joie...

PAUL, s'adressant à Lucienne.

Et... croyez qu'il m'est doux
De vous dire que palme et laurier sont à vous.

Regardant à droite et à gauche.

Renaud n'est pas ici? Petite sœur Colette,
Il me faut à l'instant t'embrasser à pincette.

COLETTE, riant.

Au milieu de ce parc, tu n'es pas sérieux.

PAUL, en s'en allant.

Je cours chercher Renaud.

Embrassant Colette.

Encore un, sur les yeux.

Il disparaît dans une allée.

SCÈNE IV

COLETTE, LUCIENNE.

COLETTE.

Il saura t'embrasser!

LUCIENNE, *battant des mains.*

C'est le second miracle.
Colette, tout s'arrange, il n'y a plus d'obstacle
A ton amour, au mien. Paul sera mon mari
Et Jean Renaud le tien; j'en fais bien le pari.

Tristement.

Mais c'est loin tout cela!

COLETTE.

D'abord, qu'on nous fiance

Lucienne sourit.

Ah! tu vois, à ces mots, tu reprends confiance,
Et nous nous marions, en chœur, le même jour.

LUCIENNE.

Dans six mois.

COLETTE.

Oui, le temps qu'ils nous fassent la cour.

LUCIENNE, *raisonnable.*

Pas de faste inutile, hein, soyons économes.

COLETTE, *interrogeant.*

Des invités?

LUCIENNE.

Beaucoup et surtout des grands hommes!
Comme je suis très riche et que nous serons sœurs,
Moi seule, je paîrai tous les gros fournisseurs.

COLETTE.

Pour les appartements, les meubles?

LUCIENNE.

Rien ne presse!
Nous nous installerons chez eux, dame!... en maîtresse!

Elles rient toutes les deux à cette idée qui les scandalise. — Pendant ce temps, Renaud et Paul se sont glissés jusqu'à elles sur la pointe des pieds.

SCÈNE V

LES MÊMES, RENAUD, PAUL.

RENAUD et PAUL, *ensemble, se montrant.*

Votre humble serviteur!

COLETTE, *effrayée et ravie.*

Ah!... ce n'est pas trot tôt.

RENAUD, *s'excusant.*

Nous eûmes en chemin, un accident d'auto.

LUCIENNE, *inquiète.*

Vrai?

COLETTE, *en grondant.*

Défaite honorable... Inutile de feindre.

PAUL.

Mais d'arriver si tard, sommes-nous pas à plaindre!

LUCIENNE, *à Paul.*

Voyez ce temps perdu...

PAUL, *à Lucienne, lui offrant le bras.*

Vite, acceptez mon bras.

COLETTE, *à Renaud qui fait le même geste.*

On ne sait si l'on doit vous croire, scélérats?
Car nous nous morfondions, seules, en votre absence.

LUCIENNE, *à Colette.*

Il ne faut pas, tout haut, dire ce que l'on pense.

RENAUD, *implorant.*

Nous allons mériter votre absolution.

PAUL.

Vous nous suivez?

RENAUD, *d'un ton de commandement.*

Par le flanc droit, conversion.

Ils traversent la scène lentement. — Les deux couples chuchotent. — Renaud, bas à Colette.

Les couples amoureux, tous, s'ils voulaient m'en croire,
Puisqu'on dit que les gens heureux n'ont pas d'histoire,
Devraient vivre en province, obscurs, presque ignorés.

COLETTE.

Sans fortune, comment faire ?

RENAUD.

Vous le verrez.
Paris ne compte pas, voyez-vous, quand on s'aime.
Etre à soi, rien qu'à soi, mais c'est le bonheur même,
Sans trop d'ambition que de s'appartenir.
Dans le passé, dans le présent, dans l'avenir.
Nous ne nous quitterons jamais, c'est pour la vie,
Depuis plus de trois ans que je vous ai suivie,
J'ai fait bien des projets.

COLETTE.

J'écoute et je vous crois.

RENAUD.

A quoi bon des calculs et des règles de trois!
Faut-il donc tant d'argent pour se mettre en ménage.
N'en demandons pas trop. Faire un beau mariage
C'est prendre un bon mari, je serai celui-là.

COLETTE.

Pour un bel officier, l'avenir que voilà
Trop modeste, aurait peu de quoi vous satisfaire.
Je suis pauvre et n'ai point la dot réglementaire,
Résignons-nous.

RENAUD.

Non pas, l'admirable façon
De rester tous les deux, vous fille et moi, garçon.

Je prétends m'insurger contre la loi barbare,
Je veux me marier, si c'est un goût bizarre
Blâmez-moi.

A l'autre couple qui s'était attardé.

Mes amis, êtes-vous du complot ?

LUCIENNE et PAUL.

Nous en sommes, Lucienne a gagné le gros lot.

RENAUD.

Vous...

COLETTE, l'interrompt, à tous.

Soyez attentifs au sujet que j'aborde !

A Paul, en désignant Lucienne.

Tu demandes sa main, c'est bien je te l'accorde.

A Lucienne.

Ne rougis pas, Lucienne, il fera ton bonheur
Enfin, je serai donc demoiselle d'honneur.

PAUL.

Avec Renaud ?

COLETTE.

Sans doute et suivant votre exemple...

RENAUD, à Colette.

Je vous choisis pour femme.

COLETTE.

Il me conduit au temple.
Et nos rêves d'amour ainsi réalisés
Tout émus du plaisir enchanteur de ces fêtes
Et de l'accueil flatteur que ce soir vous nous faites
Nous vous offrons à tous des gerbes de baisers.

Marche nuptiale de Mendelsohn.

FIN

Imprimerie Générale de Châtillon-sur-Seine. — A. PICHAT.

Imprimerie Générale de Châtillon-sur-Seine. — A. PICHAT.

www.ingramcontent.com/pod-product-compliance
Lightning Source LLC
LaVergne TN
LVHW020303230826
846091LV00006B/2497

9782011907868